AF262062

LETTRE

SUR

L'HISTOIRE DE FRANCE

ADRESSÉE

AU PRINCE NAPOLÉON

Par S. A. R. M. LE DUC D'AUMALE.

QUATRIÈME ÉDITION.

BRUXELLES,

LIBRAIRIE UNIVERSELLE DE J. ROZEZ,

RUE DE LA MADELEINE, 87

1861

LETTRE

SUR

L'HISTOIRE DE FRANCE.

BRUXELLES. — IMPRIMERIE DE CH. VANDERAUWERA,
Rue de la Sablonnière, 8, près la rue Royale.

LETTRE

SUR

L'HISTOIRE DE FRANCE

ADRESSÉE

AU PRINCE NAPOLÉON

Par S. A. R. M. LE DUC D'AUMALE.

QUATRIÈME ÉDITION.

BRUXELLES,

LIBRAIRIE UNIVERSELLE DE J. ROZEZ,

RUE DE LA MADELEINE, 87.

1861

LETTRE

SUR

L'HISTOIRE DE FRANCE

ADRESSÉE

AU PRINCE NAPOLÉON,

Prince,

Dans un discours que vous venez de prononcer et qui a diversement ému vos auditeurs et vos lecteurs, vous avez remercié MM. Troplong et de Persigny des leçons d'histoire romaine et d'histoire d'Angleterre qu'ils avaient bien voulu donner à notre pays, et dont vous aviez fait votre profit. Je voudrais ajouter à cet enseignement quelques mots sur l'histoire de France.

1.

Pendant que le chef de votre dynastie (j'emprunte ses propres paroles) expiait à Ham, par un emprisonnement de six années, sa témérité contre les lois de sa patrie, il usait sans entrave de ses droits de citoyen, et critiquait librement, dans les journaux, le gouvernement régulier qu'il avait commencé par attaquer à force ouverte.

Ma situation est bien différente, et je ne réclame pas de tels priviléges. Exilé de mon pays sans avoir violé aucune loi, sans avoir mérité mon sort par aucune faute, je ne suis connu de la France que pour avoir été élevé sous son drapeau et l'avoir fidèlement servie jusqu'au jour où j'en ai été violemment séparé. Mais cet exil m'a-t-il fait perdre le droit le plus naturel, le plus sacré de tous, celui de défendre ma famille publiquement outragée, et, avec elle, le passé de la France? Cette attaque injurieuse qu'un pouvoir si fort et qui vous inspire tant de confiance, a endossée, propagée, affichée sur tous les murs, ma réponse peut-elle la suivre et se produire, en se conformant aux lois, sur le sol même de la patrie? J'en veux faire l'expérience; si elle tourne contre mes vœux, et si, au mépris des plus simples notions de la justice et de l'honneur, vous étouffez ma voix en France, dans une cause si légitime, elle aura du moins quelque écho en Europe et ira, en tout pays, au cœur des honnêtes gens.

Vous avez parlé des scandaleuses dissensions intestines dont partout les Bourbons ont donné l'exemple. Plus que toute autre, la branche cadette de cette maison paraît avoir excité votre indignation, et si j'en crois le premier compte-rendu de la séance, dans le tableau que vous esquissiez à grands traits, les princes d'Orléans formaient un groupe sombre destiné à servir de repoussoir à la brillante peinture de l'union et des vertus des Napoléon, puisqu'il n'y a plus de Bonaparte.

Si vous nous aviez fait l'honneur de nous donner une définition un peu précise de ce que vous appelez *le nouveau droit public*, je ne sais si je serais tombé tout à fait d'accord avec vous ; mais pas plus que vous je ne regrette l'ancien régime. Toutefois, je n'ai pas la même horreur que vous pour le passé de la France ; j'avoue que je l'ai étudié sans que mon amour-propre national, aussi vif que le vôtre, ait eu trop à souffrir ; et je trouve même quelque gloire dans les annales de cette antique race, sous l'égide de laquelle un petit royaume, composé de deux ou trois provinces, est devenu cette grande nation dont vous connaissez la puissance. Que, sur cette longue liste de princes, on en puisse signaler de médiocres et de méchants ; que, dans l'histoire de cette multitude de branches disséminées sur tant de trônes, il y ait à relever des fautes, des faiblesses, des égarements, peut-être des crimes, je vous l'accorde volontiers. Les familles royales, impériales même, n'échappent pas à la loi commune de l'humanité ! La Providence ne répartit pas toujours une somme égale de vertus à ceux que leur naissance peut appeler à régner sur leurs semblables. Aussi, les hommes réfléchis qui voulaient conserver la forme monarchique, en réservant les droits des peuples, avaient-ils cherché une garantie contre ces sortes de hasards. Ils voulaient tout à la fois assurer aux nations la stabilité, l'unité, la tradition, et leur ménager le moyen de diriger leur propre gouvernement, de faire leurs affaires, en un mot, ne pas les laisser livrées aux caprices d'un seul homme. C'est l'origine du système constitutionnel, qui semble, grâce à Dieu, devoir être bientôt établi dans toute l'Europe, et qui, par un triste jeu de la fortune, n'a disparu, momentanément je l'espère bien, du sol de la France, que pour se répandre sur le reste du continent.

Ces divisions, que vous reprochez aux Bourbons, ne sont pas, croyez-le bien, leur apanage exclusif; elles ont existé chez toutes les familles qui ont régné longtemps. Vous vous êtes allié récemment à l'une des plus anciennes et des plus illustres maisons de l'Europe. Ouvrez son histoire : vous y verrez, il y a deux cents ans, le chef de la branche de Savoie-Carignan, celle même qui est aujourd'hui sur le trône, conduisant à plusieurs reprises les étrangers dans sa patrie pour arracher la régence à sa belle-sœur. Plus récemment encore, le grand-père de votre noble et pieuse épouse ne passait pas pour avoir été toujours le sujet le plus fidèle du roi Charles-Félix. La maison de Savoie n'en est pas moins l'une des plus honorées et des plus populaires qu'il y ait en Europe.

Si votre famille avait, pendant dix siècles, occupé le premier trône du monde, porté à diverses reprises cinq ou six autres couronnes; si, pendant une si longue carrière, la vie publique et privée de tous ses rejetons avait appartenu à l'histoire, et nous apparaissait aujourd'hui pure de toute tache; si elle comptait autant de grands rois, autant de capitaines, autant de guerriers morts sur le champ de bataille que la maison royale de France (c'est encore historiquement son vrai nom), alors, peut-être, auriez-vous le droit de vous montrer sévère. Car, remarquez-le bien, vous ne pouvez plus juger les familles princières avec l'austérité d'un philosophe républicain. Vous jouissez aujourd'hui d'une foule de priviléges qui vous retirent cet avantage. Vous vous êtes trouvé un beau jour sénateur, grand-cordon, général de division, prince du sang, non par votre mérite, encore inconnu alors, mais par droit de naissance; et votre point de vue doit avoir changé avec la fortune.

Quoi que l'on puisse dire, il n'y a plus de parvenu, ni au Palais-Royal, ni aux Tuileries. Les maisons souveraines, et vous avez, je pense, la prétention d'en être une; les maisons souveraines ne comptent qu'un seul parvenu, leur fondateur. Ce titre, car c'en est un, l'histoire le donnera à l'obscur sous-lieutenant d'artillerie qui, quinze ans après avoir quitté l'école de Brienne, plaçait sur sa tête la couronne de Charlemagne. Mais on n'est pas un parvenu quand on a affiché son droit héréditaire à Strasbourg et à Boulogne, quand on a passé sans transition de l'exil au pouvoir, et quand on s'appelle Napoléon III. Vous parlez aujourd'hui en termes magnifiques du coup d'État du 2 décembre. On ne vous a pas, toutefois, rencontré ce jour-là dans le groupe des fidèles accourus à l'Élysée pour se vouer intrépidement à la fortune du nouveau dictateur. Vous n'étiez pas non plus, il est vrai, au milieu des représentants de la nation qui protestaient à la mairie du dixième arrondissement et ailleurs contre le renversement des lois de leur pays. Où étiez-vous donc? Personne ne le saurait encore si, parmi les hommes résolus qui se consultaient, à cette heure d'angoisse, pour savoir si leur devoir n'était pas d'aller combattre derrière les barricades, quelques-uns ne se souvenaient de vous avoir vu tout à coup apparaître au milieu d'eux, sauf à disparaître quand, la fortune s'étant prononcée, la police est venue plus tard pour les saisir au nom du vainqueur. Croyez-moi, ne vous vantez pas trop d'un zèle si tardif, et, dans votre enthousiasme rétrospectif, n'allez point, par égard pour vos amis d'Italie, jusqu'à établir, entre cette heureuse conspiration et l'entreprise de Garibaldi, une comparaison qui ne serait peut-être pas du goût du patriote de Caprera. Une chose m'étonne, c'est que le duc d'Orléans, mon grand-père, n'ait pas trouvé grâce devant vous, qui avez siégé, comme lui, au côté gauche d'une Assemblée républicaine. Là s'arrête, il est vrai, l'analogie de vos destinées. Lancé sur une pente fatale, il ne sut pas résister à de déplorables entraînements : il expia sa faute. Il sortit de la Convention nationale pour monter à l'échafaud, et vous n'êtes descendu des bancs de la Montagne que pour entrer dans la somptueuse demeure où le duc d'Orléans était né.

Dans la première explosion de votre loyauté monarchique, vous avez voulu envelopper aussi les descendants dans l'anathème dont vous frappiez l'aïeul. Le sténographe a fait disparaître ce fragment de vos imprécations, et n'ayant pas eu la satisfaction de vous entendre, je ne sais pas les termes dont vous avez pu vous servir ; je ne connais que ce seul mot : *les princes d'Orléans !* Vous compreniez sans doute sous cette désignation générique le roi Louis-Philippe, auquel, dans la pureté de vos opinions sur le droit héréditaire, vous ne sauriez peut-être accorder le caractère royal. Avez-vous entendu lui reprocher d'avoir combattu pour la France en 1792, et d'avoir vigoureusement conduit sa division à Valmy et à Jemmapes ? Ou bien trouvez-vous qu'il fut trop libéral sous la Restauration, et qu'il ait donné de trop sages conseils au roi Charles X? Car vous savez bien qu'il n'a jamais conspiré. Prétendez-vous qu'il aurait dû condamner la révolution de Juillet, la plus pure de toutes nos révolutions, et refuser d'occuper le trône vacant, où l'appelaient les représentants de la nation? Quant à ses fils, vous les blâmez sans doute de n'avoir pas fait canonner la garde nationale de Paris en 1848, ou de n'avoir pas essayé de ramener l'armée d'Afrique; d'avoir, en un mot, préféré l'exil à la guerre civile, quand ils croyaient que la France pourrait avoir bientôt besoin du sang de tous ses enfants; et combien d'ailleurs tous les esprits habitués au doux mouvement du gouvernement libre, étaient éloignés alors de ces dures maximes et de ses pratiques impitoyables que le spectacle corrupteur de tant de violences heureuses a fait depuis ce temps-là pénétrer dans tous les cœurs!

Ah! quand vous pensez à la révolution de Février, je conçois votre colère. Si elle eût éclaté quelques mois plus tard, elle eût trouvé votre père à la Chambre des Pairs, pourvu d'une bonne dotation reversible sur votre tête. Auriez-vous, par hasard, oublié les démarches faites par le roi Jérôme et par vous, leur heureux succès en 1847, la faveur qui fut accordée de rentrer en France, d'où la loi vous bannissait, et l'accueil plein de bienveillance qui vous fut fait à Saint-Cloud? Mais, parmi les huissiers qui remplissent l'antichambre de l'Empereur, vous pourriez reconnaître celui qui vous introduisit dans le cabinet de Louis-Philippe, lorsque vous veniez le remercier de ses bontés et en solliciter de nouvelles.

Ouvrez l'*Annuaire militaire*, regardez la liste des généraux en retraite. Vous y trouverez le nom de l'aide de camp de ce même Roi qui, en 1830, fut chargé de recevoir à Paris la reine Hortense et son fils, aujourd'hui votre Empereur. Le Roi avait violé la loi en permettant à votre tante d'entrer en France, et qui, pis est, il l'avait fait à l'insu de ses ministres : c'est, je crois, le seul acte inconstitutionnel qu'on puisse lui reprocher. Mais il y a dans cette aventure quelques détails qui méritent de vous être rapportés.

Le lendemain du jour où le roi des Français avait donné audience à la reine Hortense, il y avait conseil des ministres. « — Quoi de nouveau, messieurs? dit le Roi en s'asseyant. — Une nouvelle fort grave, Sire, reprit le maréchal Soult ; je sais, à n'en plus douter, par les rapports de la gendarmerie, que la duchesse de Saint-Leu et son fils ont traversé le midi de la France. » Le Roi souriait. « — Sire, dit alors M. Casimir Périer, je puis compléter les renseignements que le maréchal vient de vous fournir. Non-seulement la reine Hortense a traversé le midi de la France, mais elle est à Paris : V. M. l'a reçue hier. — Vous êtes si bien informé, mon cher ministre, reprit le Roi, que vous ne me laissez pas le temps de vous rien apprendre. — Mais moi, Sire, j'ai quelque chose à vous apprendre. La duchesse de Saint-Leu ne vous a-t-elle pas présenté les excuses de son fils retenu dans sa chambre par une indisposition ? — En effet. — Eh bien ! rassurez-vous, il n'est pas malade : à l'heure même où Votre Majesté recevait la mère, le fils était en conférence avec les principaux chefs du parti républicain, et cherchait avec eux le moyen de renverser plus sûrement votre trône. » Louis-Philippe ne tint pas compte de cet avis ; mais, les menées continuant, le ministre, un peu plus indépendant que ceux qui exposent aujourd'hui si clairement aux Chambres les intentions de votre cousin, prit sur lui de mettre fin au séjour de la reine Hortense et de son fils.

A mesure que j'écris, vos griefs contre la maison d'Orléans me reviennent à la mémoire. Il y a une de vos maximes de gouvernement, maxime essentielle, que Louis-Philippe, trop débonnaire à votre gré, a négligé d'appliquer. « Que des légitimistes, avez-vous dit, ou des républicains exaltés venant d'Angleterre (vous oubliez les orléanistes, mais je vous fais grâce de l'omission, que je tiens pour purement accidentelle), essaient donc de faire avec mille ou quinze cents hommes une descente sur nos côtes; nous les ferions bel et bien fusiller. » Or, sous le gouvernement de Juillet, il y a eu une incursion à Strasbourg et une descente à Boulogne, et il n'y a eu personne de fusillé! Grave faute sans doute! Eh bien! ces d'Orléans sont incorrigibles, et ce serait à recommencer que je crois vraiment qu'ils seraient aussi cléments que par le passé! Mais pour les Bonaparte, quand il s'agit de faire fusiller, leur parole est bonne. Et, tenez prince, de toutes les promesses que vous et les vôtres avez faites ou pouvez faire, celle-là est la seule sur l'exécution de laquelle je compterais.

Car, il faut en convenir, le gouvernement actuel, si heureux à tant d'égards, a moins de succès dans l'accomplissement de ses promesses. Un seul homme avait prêté serment à la Constitution républicaine : il lui a fallu faire le 2 décembre. On avait dit : « L'empire c'est la paix. » Et nous avons eu les guerres de Crimée et de Lombardie. En 1859, l'Italie devait être libre jusqu'à l'Adriatique : l'Autriche est encore à Vérone et à Venise. Le pouvoir temporel du Pape devait être respecté, nous savons où il en est, et les grands-ducs attendent toujours leur restauration annoncée par la paix de Villafranca. Je sais qu'il est difficile de tant promettre, et de toujours tenir ; je connais le rôle commode que jouent tour à tour, selon les besoins de la situation, tantôt les anciens partis, tantôt les manifestations des diverses volontés nationales, puis la politique de l'Angleterre, etc., qu'il me soit permis d'affirmer seulement que, par le fait des circonstances, l'exécution rigoureuse des engagements pris ne peut pas compter parmi les vertus dont la famille Bonaparte doit nous présenter le touchant faisceau, et ceux auxquels on donne tant à espérer feront bien d'y prendre garde.

A votre philippique contre les Bourbons aînés ou cadets, vous avez fait succéder le panégyrique des Napoléon. Les Napoléon au lendemain du procès

Paterson, ce pluriel n'a pas laissé de surprendre un peu. Nous sommes depuis longtemps habitués à l'apothéose du grand Empereur : nous avons tous lu les *Victoires et Conquêtes*, assisté aux pièces du Cirque, chanté les chansons de Béranger, écouté avidement les récits des acteurs, obscurs ou illustres, de l'époque impériale ; et ce gouvernement de Juillet, dont vous poursuivez avec tant d'acharnement la mémoire et les représentants, avait remis la statue de votre oncle sur la colonne, recueilli ses cendres aux Invalides, couvert de la vivante image de ses exploits les murs du palais de Versailles. Mais ne craignez-vous pas de diminuer la taille du demi-dieu en voulant envelopper sa famille dans son auréole? car nous savons aussi ce que les contemporains pensaient et disaient des frères de l'Empereur, et, pour nous en tenir aux faits les plus saillants, avez-vous oublié qu'il fallut enlever à Louis la couronne de Hollande, retirer à Joseph le commandement de l'armée d'Espagne, à Jérôme le commandement du corps qu'il conduisait en Russie? N'avez-vous pas un cousin, Louis-Lucien, si je ne me trompe, qui, au plus fort du blocus continental, naquit en Angleterre, où son père était réfugié? Et Murat en 1814? Mais ici je m'arrête; car celui-là, au moins, avait cent fois conduit nos escadrons à la victoire; et d'ailleurs, je conserve pour les vaincus et les morts ce respect que vous ne réclamez si impérieusement que pour les heureux et les vivants.

Permettez-moi de vous le dire, il y a deux sujets que vous et vos amis vous reprenez trop souvent : les principes de 89 et les désastres de 1815. Je reviendrai tout à l'heure à ces principes qui me sont chers; j'aime moins à parler de 1815. Quand je songe aux prodigieux efforts que fit le génie de l'Empereur pour sauver la France en 1814, l'admiration et le patriotisme étouffent en moi tout autre sentiment; et quand je contemple la grande infortune du capif de Sainte-Hélène, il n'y a place en mon cœur que pour la douleur et la sympathie. Mais, quand vous exploitez les calamités de la patrie pour en faire une arme de parti, quand vous reprochez à d'autres les traités qui en ont été la conséquence, nous sommes bien forcés de rappeler quel est celui dont les passions et les fautes ont infligé à la France une humiliation sans pareille dans notre histoire. Vous n'aimez pas Louis XIV, dites-vous, à cause du mal qu'il a fait à la France : quel sentiment avez-vous donc pour votre oncle? Louis XIV était, dites-vous, un orgueilleux despote, son royaume à sa mort était appauvri d'hommes et d'argent; mais je ne crois pas qu'à cet égard Napoléon ait rien à lui envier. Si le grand Roi a voulu assurer à Philippe V l'héritage de Charles II, le grand Empereur a voulu créer les nouveaux rois d'Espagne, de Hollande, de Naples et de Westphalie, entreprises qui nous ont bien coûté aussi cher que la guerre de la Succession et qui ne nous ont légué que des prétendants. En fin de compte Louis XIV a laissé la grande monarchie autrichienne irrévocablement dissoute, et la France agrandie de la Flandre, de l'Artois, de l'Alsace, de la Franche-Comté et du Roussillon. L'Empereur a légué à la Restauration une France privée des conquêtes de la République, isolée en face de l'Europe, dont la nouvelle organisation politique et militaire était exclusivement dirigée contre nous. Ah! si l'auteur du Concordat et du Code civil, au lieu de se lancer dans d'injustes entreprises, et « de se faire un jeu des peuples et des lois, » avait voulu consacrer son génie à fonder la liberté dans la patrie, s'il avait employé cette puissance de la France, dont il sut faire un si terrible usage, à exercer sur le monde une influence libérale et bienfaisante, vous auriez le droit d'invoquer son exemple et ses préceptes.

Mais, quand vous nous parlez des six cents mille hommes qui étaient toujours prêts à le suivre, vous nous obligez à vous demander où il les a conduits, et ce qu'il en a fait. Comptez combien il en a laissé dans les plaines de Castille et dans les steppes de Russie. Avez-vous jamais, dans vos voyages, traversé la chaussée qui conduit de Leipzig à Lindenau? Vous êtes-vous figuré quelle hétacombe on fit de nos soldats, le 19 octobre 1813, sur cet étroit passage, le seul qui restât ouvert à l'armée en retraite. Car ce même orgueil, qui avait rejeté les propositions de Dresde, n'admettant pas la possibilité d'une défaite, étouffait à la fois la voix du bon sens et celle de l'humanité, et le plus prévoyant des capitaines n'avait pas fait jeter sur l'Elster les quelques ponts qui auraient pu sauver la vie à des milliers de Français. Vous avez toujours 1815 à la bouche : mais vous nous faites souvenir qu'au retour de Waterloo, l'Empereur n'eut qu'une injure à jeter pour dernier adieu à cette armée qui venait de faire des prodiges : « ... Une bataille terminée, une journée finie, de fausses mesures réparées, de plus grands succès assurés pour le lendemain, tout fut perdu par un moment de terreur panique... » Eh bien, quand votre oncle écrivait ces lignes, il savait parfaitement que la victoire n'avait pas été un seul instant, je ne dis pas certaine, mais probable ; il savait bien qu'il n'y avait pas eu de panique, et que nos soldats combattaient encore quand il n'y avait plus aucune chance, non de vaincre, mais seulement de résister.

Après la tirade obligée sur 1815, vous invoquez l'autorité de l'Empereur, ses actes et ses paroles, à l'appui de vos opinions sur le pouvoir temporel du pape et sur la question italienne ; et, quoique vous ne permettiez à vos adversaires de citer que des pièces officielles, vous mêlez à des fragments de dépêches adressées par le général Bonaparte au Directoire, ou par l'Empereur au prince Eugène, une longue citation du *Mémorial de Sainte-Hélène* ; encore ne la faites-vous pas complète. Mais prétendez-vous prouver que Napoléon ait mis le pape à Savone et un préfet à Rome par respect pour les droits des peuples ? Il avait placé la couronne de fer sur sa tête, et ce n'est pourtant pas au royaume d'Italie, mais à l'empire français qu'il avait réuni les États du Saint-Siége. Ce n'est pas le mauvais gouvernement du pontife, mais son défaut de docilité qui le choquait. Écoutez ce qu'il écrivait à son frère Joseph, le 12 mars 1806 : « Je ne veux pas que la cour de Rome entretienne aucun ministre près des puissances avec lesquelles je suis en guerre ; je ne la laisserai jouir de son indépendance et de sa souveraineté qu'à ce prix (*Mémoires du roi Joseph*, II, 102).» Non, votre oncle n'avait pas pour la papauté cette aversion que vous lui supposez. Vous ne pouvez avoir oublié ces curieuses instructions qu'en 1821 le général Bertrand rapporta de Sainte-Hélène au même roi Joseph. Napoléon, à son lit de mort, avait insisté pour que sa famille s'établît à Rome, « s'en emparât et attachât à ses intérêts une théocratie puissante ; elle ne tarderait pas à avoir un pape, des cardinaux (*Mémoires du roi Joseph*, X, 264). » Quelques années de plus, le vœu de Napoléon eût peut-être été rempli ; un de vos cousins aurait pu s'asseoir sur la chaire de saint Pierre, qui probablement alors aurait été mieux défendue.

Et Naples ! vous paraissez croire que l'existence de ce royaume datait des traités de 1815. « Ce sont ces traités, avez-vous affirmé, qui ont dit : Toi, tu seras Napolitain !... » Mais qu'étaient-ils donc depuis le douzième siècle, les habitants des Deux-Siciles ? Qu'étaient-ils au temps si regretté de Joseph et de Murat ? L'Empereur a-t-il jamais proposé au peuple de ces belles provinces d'envoyer des députés au Corps-Législatif italien, si peu de temps réuni, il est vrai ! Ce n'était pas cependant qu'il eût un goût particulier pour l'autonomie de cette contrée. « Le royaume de Naples m'est nécessaire, » écrivait-il à son frère ; et il entendait bien que cet État vassal fournit des hommes, des contributions, voire des dotations à ses lieutenants et à ses sénateurs. Je ne vous rappellerai pas les recommandations sanguinaires qu'on peut lire à chaque page du tome second des *Mémoires du roi Joseph*, bien qu'il s'agisse ici de documents authentiques, publiés par votre aide de camp, et non de vagues calomnies, comme les raffinements de cruauté que vous reprochez à la reine Caroline. Je ne veux pas exagérer la portée des citations que je pourrais faire ; je suis convaincu qu'en cherchant à stimuler l'énergie de son frère, l'Empereur outre-passait sa propre pensée, et je ne puis croire qu'il entendit réellement prescrire tant d'incendies, de massacres et de confiscations. Je ne méconnais pas non plus le bien que les administrateurs français ont pu faire dans l'Italie méridionale, ni les traces profondes que leur passage y a laissées. Mais, en jugeant l'Empereur par ses actes, par ses décrets et ses dépêches, non par ses conversations posthumes en quelque sorte, plus ou moins exactement rapportées, j'ai le droit de dire qu'il ne voulait donner à l'Italie ni la liberté, ni l'unité, ni même l'indépendance.

J'aime à me rappeler, au contraire, quelle influence le gouvernement de Juillet avait exercée sur l'Italie par l'action pacifique de son exemple ; j'aime à me rappeler que, lorsque le trône de Louis-Philippe s'est soudainement écroulé, Naples et Florence avaient des institutions constitutionnelles ; que l'ambassadeur du roi des Français qui avait l'âme comme il avait les traits de Dante, était l'appui d'un pontife libéral, le conseiller et le modérateur de la révolution qui s'opérait à Rome ; et le Statut piémontais, qui va devenir la loi de toute la Péninsule, ne procède-t-il pas de la Charte de 1830 ? J'aime encore à me rappeler que, si ce gouvernement s'est écarté une fois de ce principe de non-intervention fondé par lui, et qu'on invoque aujourd'hui plus qu'on ne l'observe, ce fut pour occuper Ancône et pour mettre un terme à la réaction qui ensanglantait les Romagnes. — Ah ! pardon, il y a encore une autre intervention à reprocher au gouvernement de Juillet : à deux reprises il a fait

entrer son armée en Belgique. Il est vrai que, lors-
qu'il prenait la citadelle d'Anvers, il agissait d'accord
avec toute l'Europe, en vertu de ce concert des grandes puissances dont vous ne tenez aucun compte quand
vous vous lancez dans les entreprises, et que vous
voulez rétablir ensuite pour vous aider à sortir des
embarras que vous avez créés! Mais je remarque,
prince, que, dans votre discours si rempli d'allusions,
vous n'en faites aucune à la fondation de ce royaume
de Belgique; vous nous dites même que « les traités
de 1815 n'avaient été modifiés que dans le jeu de
leurs dispositions favorables à la liberté européenne.»
Considérez-vous donc comme une modification si funeste de ces traités la substitution d'un état neutre à
ce royaume des Pays-Bas, spécialement créé en haine
de la France, placé comme un bastion menaçant devant
la plus ouverte de nos frontières? Ou bien les institutions dont jouit la Belgique vous rendent-elles ce pays
si odieux que vous considérez son existence comme
un péril ou comme un reproche? Je ne prétends pas
que l'Italie, avec son vaste et populeux territoire, doive
se renfermer dans le rôle modeste, quoique plein de
dignité, que remplit la Belgique; mais je souhaite cor-
dialement aux Italiens d'être aussi heureux, aussi bien
gouvernés que les Belges, et de savoir pratiquer leurs

nouvelles institutions avec autant de sagesse et de succès. Et quand je forme ce vœu, je crois témoigner à nos voisins au delà des Alpes ma profonde sympathie. La France ne doit avoir de malveillance pour aucun peuple : mais s'il en est un, dans la famille européenne, dont nous ne soyons séparés par aucun préjugé, par aucune rancune, par aucun antagonisme d'intérêt, vers lequel nous soyons attirés, au contraire, par une certaine conformité d'origine, de langue, de religion, de goût et d'habitudes, c'est le peuple italien. Qu'il soit donc libre, indépendant ! qu'il cherche même à réunir par un lien nouveau et plus étroit les parties de ce grand tout séparé depuis quinze siècles ! Je ne vois pas comment on peut lui contester ce droit, pourvu qu'il opère ce travail d'agglomération sans lui donner nulle part le caractère d'une conquête et d'une tyrannie, pourvu qu'il réussisse à établir l'union, l'égalité parfaite entre toutes les fractions dont il se compose encore, pourvu enfin qu'il rassure les consciences catholiques justement alarmées, et garantisse l'indépendance réelle, efficace du chef vénéré de notre Église. Je goûte peu, je l'avoue, les moyens employés depuis dix-huit mois pour arriver à ce but. Je crois qu'on peut professer des opinions libérales sans admirer toutes les entreprises révolutionnaires, et pas plus en politique qu'en religion je n'accepte la maxime « que la fin justifie les moyens. »

Je confesse donc n'aimer guère ni les expéditions secrètement encouragées, publiquement désavouées et dont on s'empresse ensuite de recueillir les fruits, ni ces invasions soudaines que n'accompagne aucune des formalités salutaires et protectrices consacrées par le droit des gens; ni cet acharnement contre un jeune Roi, dont on tient à précipiter la chute dès qu'on le voit entrer dans la voie des réformes, et dont on se hâte de consommer la ruine dès qu'on le voit disposé à se défendre. Et surtout, je le déclare, je ne puis m'incliner et battre des mains quand je vois le général piémontais qui venait complimenter l'Empereur en Savoie, accourir de Chambéry, la main encore chaude de l'étreinte du chef de l'État, pour écraser cette poignée de Français autorisés par lui à défendre les États du Pape.

Et c'est aux victimes de cette funeste rencontre qu'on reproche d'avoir combattu sous un général « séparé, » dit-on, « du gouvernement de son pays! » Il faut un étrange sang-froid à ceux qui tiennent un tel langage, pour faire semblant d'ignorer que Lamoricière, placé sous la double sauvegarde de son mandat de représentant, et d'une vie intègre, glorieuse, pure de toute tache, a été arraché de son lit une belle nuit; que perclus de douleurs, résultat non des plaisirs des grandes villes, mais de dix-huit années de bivacs et de campagnes incessantes, il a vu ses membres assujettis dans une de ces étroites cellules où l'on enferme les galériens quand on les conduit au bagne; qu'on lui a brisé son épée; qu'il a été jeté en prison; de la prison mené en exil; et qu'en mettant son retour au prix de son honneur, on l'a retenu sur la terre étrangère jusqu'à ce que son fils unique soit mort loin de lui. Voilà ce qu'on appelle, dans ce temps de confusion et de mensonge où nous sommes, « un général séparé du gouvernement de son pays! »

Vous traitez les affaires avec autant d'équité et de sincérité que les personnes; et, en relevant les apparences du gouvernement parlementaire, vous avez eu de bonnes raisons pour en repousser les réalités. La première nécessité d'un gouvernement qui se met en face d'une assemblée libre, c'est d'avoir une politique avouable et de la défendre contre l'opinion des uns en s'appuyant loyalement sur l'opinion des autres ; mais votre politique a consisté jusqu'ici à tromper tout le monde, en ne refusant des promesses et des espérances à personne. Vous avez deux faces et vous les montrez toutes deux tous les jours. Vous dites aux catholiques : « Ne me reconnaissez-vous plus ? je suis le gouvernement qui a fait l'expédition de Rome, qui a accablé le Pape de ses sympathies, avant, pendant et après la guerre ; qui a signé la paix de Villafranca, qui a renforcé la garnison de Rome, en rappelant son ambassadeur de Turin ; qui seul a maintenu ses vaisseaux devant Gaëte. » Vous dites aux partisans exaltés de la révolution italienne : « Pourquoi vous défiez-vous de moi et que vous fait la présence de mes troupes à Rome ? Avez-vous oublié que j'ai consenti jadis à contre-cœur à l'expédition de Rome ; que j'ai écrit la lettre à Edgar Ney ; que la paix de Villafranca a été dans mes mains une lettre morte ; que j'ai dit bon voyage à celui qui partait pour Castelfidardo ; que j'ai rappelé après tout ma flotte de Gaëte, et qu'il n'y a plus aujourd'hui ni États-romains, ni royaume de Naples ? » Enfin, vous tournant vers la France, et lui montrant les deux partis caressés et trompés tour à tour, vous tirez de la confusion même de vos actes

une dernière vanité ; vous érigez ce conflit de contra-
diction en système et vous dites : « Voyez comme l'on
se plaint de moi ! Ne suis-je pas la modération en personne ? N'ai-je pas su garder un sage équilibre ? N'est-
ce pas le juste-milieu ressuscité ? Casimir Périer serait
content. » Et c'est pour jouer un rôle dans cette co-
médie, à la face de l'Europe, que vous avez rendu la
parole aux députés de la France ? Mieux valait laisser
par terre, comme vous l'avez fait depuis dix ans, les
débris de la tribune brisée sous la main un instant
égarée de vos soldats !

Je ne conteste pas votre force ; j'en sens tout le poids
à l'arrogance de votre langage et à mes inquiétudes
pour l'avenir de mon pays ; mais j'en sais aussi
l'origine, et vous ne la déroberez jamais, cette origine,
aux yeux de la France. Vous parlez volontiers de
l'abaissement militaire de notre pays sous les gouver-
nements qui se sont succédé depuis 1815 ; mais c'est
une calomnie, et vous le savez. Vous avez trouvé de-
bout ces fortifications de Paris qui avaient si cruelle-
ment fait défaut à votre oncle. Dieu veuille que nous
n'ayons jamais besoin de les défendre ! Mais elles n'en
donnent pas moins, dès aujourd'hui, à notre pays une

liberté d'action qui lui manquait avec une capitale ouverte. Vous avez trouvé des cadres, des soldats, une
armée éprouvée par une guerre avantageuse à la civi-
lisation, pure de toute injustice et de tout péril pour
la France et pour l'Europe. Je sais que vous n'avez pas
visité cette Algérie dont les destinées vous ont été un
moment confiées. Vous vous êtes borné à lancer de
Paris un certain nombre de décrets, et vous avez laissé
le soin de les mettre en œuvre à un successeur qui a
quitté la partie après un an d'infructueux efforts pour
sortir du chaos ; si bien qu'il n'a fallu rien moins que
la main du vainqueur de Sébastopol pour rétablir dans
notre colonie un peu d'ordre et de sécurité. Mais si
vous n'avez pu dérober quelques jours à vos occupa-
tions parisiennes pour les consacrer à cette France
d'outre-mer, vous avez eu du moins l'inestimable bon-
heur de voir débarquer nos légions d'Afrique en Crimée ; si vous n'avez pu les suivre jusqu'à la fin de leurs
glorieux travaux devant Sébastopol, vous avez pu du
moins entendre raconter leurs exploits à Magenta et à
Solferino, retenu non loin d'elles, comme vous l'avez
expliqué, par le soin de rechercher le matériel de
guerre de la duchesse de Parme. Certes, si le gouvernement de Juillet a commis des fautes, on ne mettra
pas au rang de ses fautes la vaillante armée qu'il a

léguée à la France, et qu'il n'a jamais songé à s'appro-
prier d'une façon particulière ou à tourner contre les
lois.

Ce sera là un honneur que vous n'enlèverez point à
ce gouvernement et qu'on ne peut effacer avec des in-
jures. Il parlait moins que vous des principes de 1789,
mais il les pratiquait davantage; il ne faisait point de
leur étalage une cause de trouble et d'anxiété pour le
monde; mais il faisait de leur application une source
d'ordre, de liberté et de prospérité pour la France. Il
ne disputait aux représentants du pays ni la discussion
détaillée du budget, ni l'action directe du Parlement
sur des ministres responsables; et ce n'est pas à lui
qu'on eût fait l'insulte de considérer comme un pro-
grès le décret du 24 novembre. Ses lois les plus rigou-
reuses étaient ces lois de septembre, qui seraient ac-
ceptées aujourd'hui comme un affranchissement et
comme une grâce; mais aux jours de ses plus grands
périls, et quand la vie de son chef était pour la dixième
fois menacée, il eût reculé avec répugnance devant la
loi de sûreté générale. C'est peut-être la faute du vieux
sang français qui coule dans mes veines; mais de
même, prince, que les *attentibili* de Naples excitent

votre indignation et votre pitié, je ne puis penser sans la plus vive douleur, qu'au moment où j'écris, un Français peut être arraché sans jugement à sa famille à ses amis, pour mourir dans une captivité lointaine ! Que dis-je, sans jugement ! c'est en secret qu'il faut dire, et sans qu'une simple mention au *Moniteur* apprenne à tous qu'une décision administrative vient de retrancher sommairement un citoyen de la patrie. Et vous appelez cela calmer les haines intestines, et fermer les plaies de nos révolutions ! Il y a dans cette conduite autant de prévoyance et autant de loyauté que dans votre politique étrangère.

Vous rêvez de grands bouleversements en Europe. Moi je forme un vœu pour la France : c'est que mon pays sorte d'un état où il peut être lancé dans des entreprises qu'il n'a pas approuvées à l'avance; où il peut s'endormir sous le régime de la protection et se réveiller dans les bras du *libre échange*, passer sans transition de la paix à la guerre, de la prospérité à la ruine; c'est enfin qu'il soit délivré du « *bon plaisir*, » quelle que soit la forme sous laquelle on en a déguisé le retour. Quand la nation, quand chaque Français jouira de la même sécurité, de la même liberté, de la même inviolabilité, alors on aura droit d'inscrire en tête de notre Constitution les principes de 89 dégagés des utopies de 91, des crimes de 93, et de l'hypocrisie d'une autre époque.

Je m'arrête; c'est une douleur inutilement ajoutée à celle de l'exil, que de fixer trop longtemps sa vue sur les maux et sur les dangers de son pays; mais, vous qui traitez avec l'arrogance de la bonne fortune, et avec l'injustice inhérente aux succès immérités, ces races antiques qui ont régné longtemps sur une nation généreuse et qui, tour à tour rejetées et ramenées par le flot des révolutions, s'étaient enfin associées à sa liberté, comme jadis à sa grandeur ; vous qui jouissez du fruit accumulé de tant de travaux, de tant de sagesse et de tant de gloire, et qui la mettez tous les jours en péril, sachez bien que si vous ne sortez pas des mauvaises voies où vous êtes si profondément engagés, ce n'est pas aux Bourbons ni aux d'Orléans auxquels on n'a jamais pu du moins adresser un tel reproche ; c'est à vous et aux vôtres qu'on pourrait alors

renvoyer les paroles de votre oncle au Directoire :
« Qu'avez-vous fait de la France ? »

HENRI D'ORLÉANS.

15 mars 1861.

N. B. Des raisons que tout le monde comprendra, ont retardé de quelques jours l'impression de cet écrit.

9 782013 247825